«Del mismo modo que
hay personas que sacan
lo mejor de cada uno,
también las hay que sacan
lo peor de los demás.
Para tratar con ellas es
importante entender sus
motivos.»

TRATAR CON PERSONAS DIFÍCILES

24 lecciones para sacar lo mejor de cada persona

RICK BRINKMAN Y RICK KIRSCHNER

«La comunicación es como un número de teléfono. Si le falta un dígito (una pequeña parte del número), no podrá realizar la llamada. Si marca el número en un orden diferente, no logrará establecer la comunicación. Necesita todos los números, y marcarlos en el orden correcto.»

La edición original de esta obra ha sido publicada en lengua inglesa por
The McGraw-Hill Companies, Inc., Nueva York con el título: *Dealing with
Difficult People. 24 lessons for Bringing out the Best in Everyone,*, 2003.

Todos los derechos reservados

© Profit Editorial I., S.L., 2026

Diseño de cubierta: XicArt
Maquetación: www.freiredisseny.com

ISBN: 979-13-87796-09-9
Depósito legal: B 7381-2025
Primera edición: Enero de 2026

Impresión: Gráficas Rey
Impreso en España / *Printed in Spain*

Índice

«Este libro le ayudará a identificar y reunir los elementos necesarios para una comunicación eficaz. Usted puede comunicarse con las personas difíciles y ser uno de los pocos que logre sacar lo mejor de cada persona en su peor momento.»

ICONOS USADOS EN ESTE LIBRO

 Listas. Con la información sintetizada y ordenada.

 Al final de cada capítulo se resumen las ideas más importantes.

 Este icono señala en el texto un ejercicio o práctica.

 Soluciones o estrategias casi mágicas.

 Herramientas para mejorar sus habilidades.

 Marca las cuatro habilidades para una comprensión eficaz

Tratar con personas difíciles para evitar o solucionar conflictos

Persona difícil: persona insoportable, que acaba con su paciencia porque o bien no hace lo que usted quiere que haga o bien hace exactamente lo que no quiere que haga y... ¡ya no sabe qué hacer!

Tiene la solución entre sus manos: ya no volverá a ser su víctima. Aunque no puede cambiar a las personas difíciles, puede mejorar su comunicación con ellas para lograr que sean ellas mismas las que cambien.

En este libro encontrará las cuatro claves necesarias para poder tratar con estas personas sin desesperarse.

En primer lugar, describimos los "**10 caracteres más difíciles**" y examinamos los motivos de cada uno de estos grupos. A partir de ahí, le ayudamos a identificar señales que le ayuden a comprender por qué estas personas son difíciles. Su habilidad para reconocer los cuatro objetivos básicos del comportamiento es el primer paso para lograr que estas personas sean más positivas.

A continuación, nos centramos en las técnicas de comunicación. Es posible sobrevivir al trato con personas difíciles gracias a técnicas como la adecuación y la reorientación. Le enseñamos técnicas que le ayudarán a escuchar y comprender la información implícita u oculta; así como otras técnicas para hablar y asegurarse de que le comprenden. Con estas técnicas efectivas para escuchar a las personas difíciles y hablar con ellas, dispondrá de las herramientas necesarias para diseñar estrategias específicas de comunicación con los caracteres más complicados. Si convierte estas técnicas de comunicación positiva en un hábito, incluso impedirá que surjan los caracteres difíciles.

En la segunda parte, dedicamos un capítulo a cada uno de los 10 caracteres difíciles más habituales con indicaciones paso a paso para obtener lo mejor de cada uno de ellos.

Para finalizar, le animamos a que empiece con tres primeras acciones concretas que puede poner en práctica inmediatamente para comunicarse con éxito con personas difíciles.

¿Quiénes somos? Somos amigos, socios y médicos. Hace muchos años que nos dedicamos a estudiar la salud desde el punto de vista de la actitud y el comportamiento. La experiencia nos ha demostrado que la gente se siente mejor cuando tiene claros sus valores, actualiza sus ideas, aprende técnicas eficaces de comunicación y de relajación, define sus objetivos y trabaja para lograrlos. A medida que la salud mental y emocional mejora, los síntomas físicos desaparecen.

Empezamos este proyecto en 1982, cuando una organización de salud mental nos pidió que elaboráramos un manual para tratar con personas difíciles. Este libro contiene el resultado de todo aquel proyecto, que ha cambiado el modo en que definimos nuestro trabajo. Queremos compartir esta información con usted, pues creemos en el beneficio general que proporciona el hecho de mejorar la salud y el bienestar de la gente. Nuestro trabajo enseña algunas habilidades esenciales para la vida diaria, y nuestra intención es que el público siga queriendo aprender. Durante casi dos décadas, hemos aprendido mucho sobre las esperanzas y los miedos de la gente las formas de construir o destruir una vida, la manera de comunicarse, los motivos que han llevado a la gente a tener un comportamiento difícil y cómo tratar con esta en su peor momento.

Hemos escrito este libro para compartir toda esa información. A través de libros, audios y seminarios hemos presentado estas ideas a miles de personas. Esperamos que las lecciones de este libro sean útiles para usted y mejoren su calidad de vida.

→ **Las personas difíciles existen y hay que tratar con ellas:** definimos los 10 tipos de comportamiento difícil más habituales. El grado de tolerancia de estos comportamientos es diferente en cada persona.

→ **Es posible comunicarse de forma eficaz con estas personas:** lo explicamos en este libro.

«Trabajar con personas difíciles tiene un aspecto positivo y un aspecto negativo. El negativo es que tiene que trabajar con ellas, y el positivo,que tiene que estudiarlas, comprender los patrones de su comportamiento y preparar una respuesta estratégica.»

01

Reconocer los 10 caracteres difíciles más habituales

«Existe en la sociedad un cierto consenso acerca de quiénes son personas difíciles y por qué transmiten esta sensación.»

¿Cuáles son los 10 caracteres más difíciles? No todo el mundo responde igual a esta pregunta, pues las respuestas varían en función de las habilidades interpersonales y las debilidades de cada cual. Sin embargo, es fácil identificar a las personas difíciles y describir lo que acaba con su paciencia. Nosotros hemos identificado los 10 patrones de comportamiento a los que las personas sanas recurren cuando se sienten amenazadas o frustradas. Estos caracteres reflejan que luchan contra circunstancias vitales no deseadas, o que ya han dejado de intentarlo.

El tanque	Avasallador y despiadado, fuerte y contundente, o silencioso y con una precisión quirúrgica. Para el tanque, el fin justifica los medios. Por ello, si se interpone en su camino, le eliminará.	
El francotirador	Este agente encubierto se la tiene jurada por algún motivo. En lugar de volverse loco, se dedica a encontrar sus puntos flacos y a utilizarlos en su contra saboteándole, ofendiéndole o hablando mal de usted.	
La granada	Esta persona explota con arrebatos desproporcionados respecto a la circunstancia detonante y logra que los demás se alejen buscando refugio y no entiendan nada	

El enterado	Sabe el 98% de todo. Si le pregunta, el enterado le explicará todos sus conocimientos (¡durante horas!) pero no dedicará ni un minuto a escuchar sus "ideas claramente inferiores".
El sabelotodo	Esta persona habla de todo sin tener conocimiento de nada. Si usted no está versado en el tema, pueden darle un consejo equivocado o buscarle en un problema.
El siempre disponible	Se ofrece rápidamente pero luego le cuesta cumplir sus promesas. Las personas que dicen sí a todo dejan a su paso un rastro de compromisos incumplidos y de promesas rotas. Quieren complacer a todo el mundo, pero en realidad no complacen a nadie.
El dubitativo	Cuando se enfrenta a una decisión importante, la persona dubitativa posterga la decisión eternamente. Llega un momento en que ya es demasiado tarde para tomar una decisión, y la culpa ha sido suya.
El infranqueable	Es imposible saber qué le pasa ni qué piensa porque no dice nada, ni con lenguaje verbal ni con lenguaje no verbal.

El negativo	Es la típica persona que "lo ve todo negro" y dice: "No soy negativo, soy realista". Las personas negativas, siempre tristes y desalentadoras, logran desesperar a los demás.
El quejica	Disfruta haciéndose la víctima y se queja constantemente, y carga el entorno como una losa con sus generalizaciones de que nada va bien, todo está mal y siempre seguirá igual a no ser que haga algo.

Ideas básicas para tratar con estos 10 comportamientos difíciles:

→ **Comprenda que cada uno reacciona de manera diferente a un comportamiento:** es posible que la persona más desesperante para usted sea perfectamente aceptable para otra persona.

→ **Conózcales:** cada uno necesita una respuesta diferente. Piense en su entorno. ¿Conoce a alguien que responda a estas descripciones, en casa o en el trabajo?

→ **Reconozca su parte:** todos podemos ser difíciles a veces. Si busca y comprende estos comportamientos en usted mismo, le será más fácil tratar con las personas difíciles.

Reflexione sobre estos diez comportamientos difíciles y trate de clasificar en esta lista nombres de gente pública. Ser capaz de identificar los comportamientos es un primer paso fundamental.

El tanque:	_____
El francotirador:	_____
La granada: .	_____
El enterado:	_____
El sabelotodo:	_____
El siempre disponible:	_____
El dubitativo:	_____
El infranqueable:	_____
El negativo:	_____
El quejica:	_____

02

———

Seleccionar la reacción

«No se desespere. Cuando
se encuentre ante
una persona difícil, recuerde
que siempre puede elegir.
En concreto, tiene cuatro
opciones.»

Antes de seguir adelante, le presentamos las cuatro posibles reacciones ante una persona difícil. No existe ninguna fórmula mágica: usted debe elegir la mejor opción para cada situación en particular. Aunque nosotros creemos, y ahora lo verá usted, que para la primera opción no es necesario elegir.

Las **cuatro reacciones** son:

Quedarse quieto y no hacer nada. No hacer nada no es una reacción completamente pasiva, también puede ser sufrir y compadecerse con otras personas que tampoco pueden hacer nada. Esta reacción es peligrosa, porque la frustración de las personas difíciles suele empeorar con el tiempo, y compadecerse con otras personas que no pueden hacer nada mina la moral y hunde la productividad, lo que pospone una acción efectiva.

Alejarse. En ocasiones, la mejor opción es alejarse. Ni todas las situaciones se pueden resolver ni vale la pena resolverlas todas. Alejarse es lo más sensato cuando ya no tiene ningún sentido tratar con esa persona. Si la situación se deteriora, si todo lo que usted dice o hace solo sirve para empeorar la situación y empieza a perder el control, recuerde que la discreción es la mejor parte del valor y aléjese. Como decía Eleanor Roosevelt: "Nadie puede hacerle sentir inferior sin su permiso". No obstante, antes de alejarse piense en las otras dos opciones.

Cambiar la actitud. Aunque la persona difícil siga con su comportamiento difícil, usted puede cambiar la perspectiva y contemplarla desde otra perspectiva, o escucharla de otro modo, incluso sentirse diferente con ella. Estos cambios de actitud solo dependen de usted y mejorarán su comunicación con las personas difíciles.

Cambiar el comportamiento. Si usted cambia el modo en que se relaciona con las personas difíciles, ellas cambiarán el modo de relacionarse con usted. Son estrategias efectivas que puede aprender y que le ayudarán a resolver la mayoría de comportamientos problemáticos. Las encontrará en este libro.

 Resumen:

→ **Los comportamientos difíciles se pueden clasificar, pero cada situación es diferente:** decida la mejor respuesta en función de cada situación.

→ **Busque una estrategia:** no hacer nada no funciona. Si la situación es difícil, tiene que actuar.

→ **Cambie la actitud primero y luego el comportamiento:** a veces, con cambiar la actitud es suficiente. Es un paso siempre necesario para la ardua tarea de cambiar el comportamiento.

03

Comprender los cuatro objetivos

«¿Alguna vez se ha sorprendido
de lo rápido que puede cambiar
el comportamiento de una
persona de un momento a
otro?»

El primer paso para cambiar su actitud ante los 10 comportamientos difíciles más habituales es comprenderlos. La clave está en los motivos que hacen que la gente responda de un modo u otro a las situaciones. Cada motivo se define por dos variables: el grado de asertividad y el centro de atención.

Dependiendo del **grado de asertividad**, las personas pueden ser pasivas (poco asertivas) o agresivas (muy asertivas). La situación influye en el grado de asertividad de una persona: en temporadas de cambios, dificultades o estrés, las personas salen su "zona de confort" normal y se vuelven más pasivas o más agresivas.

El **centro de atención** de una situación puede ser la tarea o las relaciones humanas. Así pues los comportamientos pueden estar orientados a la **tarea** u orientados a las **personas**. En momentos de dificultad o estrés, las personas focalizan el centro de atención y solo se fijan en uno de los dos.

Si mezclamos las dos variables, una persona puede centrarse en los demás de forma agresiva (comportamiento beligerante), de forma asertiva (comportamiento colaborador) o de forma pasiva (comportamiento sumiso), o centrarse en una tarea de forma agresiva (comportamiento obsesivo), de forma asertiva (comportamiento colaborador) o de forma pasiva (abandono).

Todos tenemos un comportamiento más o menos aceptable con una zona de confort normal, pero las dificultades, los retos o el estrés pueden hacer que salgamos de ella y pasemos a un comportamiento problemático o exagerado.

	forma agresiva	forma asertiva	forma pasiva
persona	beligerante	colaborador	sumiso
tarea	obsesivo	colaborador	abandono

Resultado de combinar el centro de atención con el grado de asertividad.

Cualquier comportamiento (aceptable o problemático) intenta cumplir una intención principal u objetivo. Hemos identificado los **cuatro objetivos principales** que determinan las reacciones de la gente ante cualquier situación:

- Acabar la tarea.
- Hacer bien la tarea.
- Relacionarse con la gente.
- Conseguir la apreciación de los demás.

(Estos no son los únicos objetivos que mueven a la gente, pero son un marco útil para comprender los comportamientos difíciles y tratar con ellos.)

Los problemas surgen cuando estos objetivos no se logran o se ven frustrados. Los comportamientos llevados al extremo conducen a los caracteres mencionados con anterioridad.

Este gráfico relaciona las dos variables con los cuatro comportamientos.

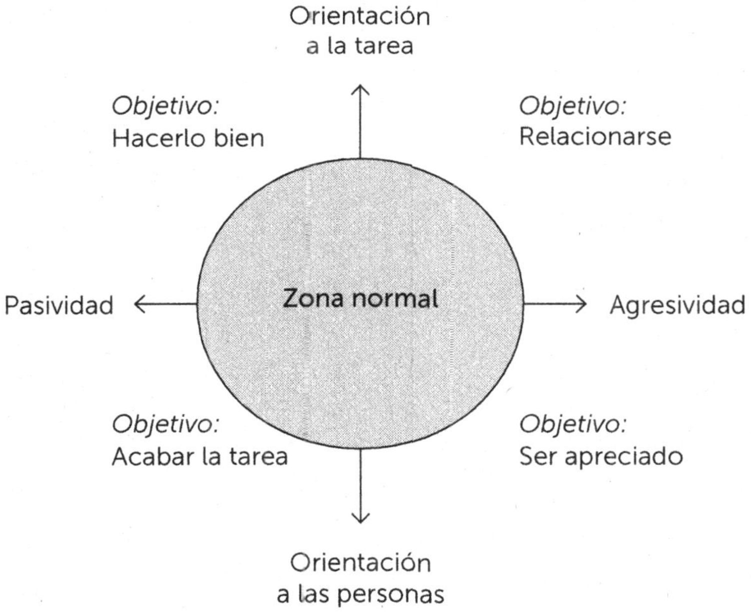

Orientación
a la tarea

Objetivo:
Hacerlo bien

Objetivo:
Relacionarse

Pasividad ← **Zona normal** → Agresividad

Objetivo:
Acabar la tarea

Objetivo:
Ser apreciado

Orientación
a las personas

Los objetivos varían constantemente, en función de la persona y de la situación. En consecuencia, también cambian los comportamientos. Nuestras tres recomendaciones son:

→ **Comprenda los cuatro objetivos:** están presenten a diario en nuestra vida. Encontrar el equilibrio es sinónimo de éxito y menos estrés.

→ **Esté atento a las señales (palabras, tono y lenguaje corporal):** revelan el objetivo principal de las personas difíciles y le indican cómo comunicarse con ellas.

→ **No sea difícil:** si no logra su objetivo, puede convertirse en una persona difícil. Cuanto más aprenda sobre el comportamiento de las personas difíciles, más podrá cambiar.

04

——

Comprender el primer objetivo: acabar la tarea

«Si necesita acabar una tarea, se concentrará en la tarea que tiene entre manos. Los demás son extraños o innecesarios para acabar la tarea. Intentará ir rápido, actuar o ser asertivo. Incluso puede llegar a ser maleducado y agresivo.»

¿Alguna vez ha necesitado acabar una tarea, finalizarla de una vez por todas y olvidarse ya de ella? Cuando necesita acabar una tarea, se concentra en lo que tiene entre manos. Cuando realmente necesita acabarla, va rápido, solo piensa en lo que tiene que hacer y multiplica su asertividad. Incluso puede convertirse en agresivo y maleducado, saltarse las normas o hablar sin reflexionar. Se aísla del mundo y le parece que los demás están en otra dimensión.

Si no logra su objetivo, puede distorsionar la manera en que usted perciba de una situación concreta. De repente, parece que los demás pierden el tiempo, le cuentan cosas que no le interesan o sencillamente tardan demasiado. Aumenta la intensidad del objetivo y el comportamiento se vuelve más controlador.

Los tres comportamientos **controladores** más difíciles son el tanque, el francotirador y el enterado.

El tanque. Si quiere acabar una misión, el tanque no se anda con nimiedades. Puede arrollarle, pasar por encima suyo sin ningún remordimiento, pues no es nada personal, tan solo se cruzó en su camino. Con la finalidad de controlar el proceso y cumplir su misión, el comportamiento del tanque pasa de agresividad leve a agresividad máxima.

El francotirador. Si las cosas no le salen como tiene previsto, el francotirador intentará controlarle a través de humillaciones y ofensas. Mucha gente siente pánico a que la humillen en público y el francotirador se aprovecha de ello para soltar comentarios hirientes y sarcásticos en el momento en que usted es más vulnerable.

El enterado. El enterado controla a las personas y las situaciones dominando la conversación con argumentos largos y tediosos. Elimina a la competencia encontrando defectos y puntos flacos en las opiniones de los demás.

Como suele ser experto y competente, la mayoría de gente se desgasta con esta estrategia y se da por vencida.

Los objetivos varían con el paso del tiempo. El objetivo cuando se empieza una tarea puede ser hacerla bien y, cuando ve que se agota el tiempo, pasar a querer acabarla. Cuando empieza a trabajar en una empresa, primero se centra en relacionarse, y más adelante quiere conseguir que sus compañeros lo aprecien.

Puntos clave:

→ **Comprenda que el comportamiento a veces tiene el objetivo de acabar una tarea:** no es malo ni inapropiado, e incluso puede ser necesario.

→ **Conozca la dinámica de acabar una tarea:** la persona se concentra en la tarea, tiene prisa y aumenta su asertividad. Puede ser maleducada, tratar a los demás como extraños y actuar con agresividad.

→ **Reconozca que el objetivo de acabar una tarea puede conducir a comportamientos controladores:** pueden expresarse con el acoso del tanque, los comentarios letales del francotirador o los discursos dominantes del enterado. Todos ellos tienen en común que quieren controlarle a usted y la situación.

05

Comprender el segundo objetivo: hacerlo bien

«Cuando la prioridad es hacerlo bien, irá más lento para prestar atención a los detalles. Incluso puede dejar de actuar si no está seguro de las consecuencias.»

Hacerlo bien es otro objetivo orientado a la tarea que puede regir un comportamiento. ¿Alguna vez ha intentado evitar un error haciendo todo lo posible para que no suceda? Cuando la prioridad es hacerlo bien, se actúa más despacio para prestar atención a todos los detalles. Antes de dar un salto, estudiará la situación, la analizará, e incluso es posible que no llegue a saltar. Si no está convencido de que el resultado será perfecto, tal vez no se atreva a actuar.

Si el intento de hacerlo bien se frustra o se ve amenazado, alrededor de esta persona todo parece caótico o aleatorio. Por s fuera poco, estas personas no se expresan con claridad

Si se alcanza suficiente intensidad, el resultado es un comportamiento cada vez más **pesimista** y **perfeccionista**. Son ejemplos de este comportamiento el quejica, el negativo y el infranqueable.

El quejica. En nuestro mundo imperfecto, la persona quejica está convencida de que no puede provocar ningún cambio. Agobiada y abrumada por todo lo que puede salir mal, deja de buscar soluciones. Su desesperación va en aumento y se concentra en buscar problemas que demuestren que su generalización negativa está bien fundamentada. Empieza a quejarse repitiendo que "nada va bien, todo va mal", vuelve loco a su entorno, la situación se deteriora y provoca más quejas aun.

El negativo. A diferencia del quejica, la persona negativa no se siente impotente ante la situación. Ha perdido la esperanza y está convencida de que la situación no puede mejorar. Por eso se lo cuenta a los demás sin ninguna reserva: "Olvídelo, ya lo hemos probado. No funcionó entonces ni lo va a hacer ahora. Quien le diga lo contrario, miente. Dese por vencido y deje de perder el tiempo en una causa perdida". Es como un agujero negro que les absorbe las energías a los demás.

El infranqueable. Cuando las cosas no salen perfectas, las personas infranqueables se frustran tanto que se dan completamente por vencidas. Se desesperan en su último intento y gritan: "¡Perfecto! ¡Hágalo a su manera y no me venga llorando si no sale bien!". A partir de ahí ya no hacen ni dicen nada.

Puntos clave:

→ **Comprenda que el comportamiento a veces tiene el objetivo de hacer bien una tarea:** de nuevo, no es malo ni inapropiado. Es posible que sea lo más adecuado para la situación.

→ **Conozca la dinámica de hacer bien una tarea:** la persona se concentra en evitar errores y va más lenta para prestar atención a todos los detalles. A veces no actúa por miedo a las consecuencias. Critica a los demás por no hacerlo bien.

→ **Reconozca que el objetivo de hacer bien una tarea puede conducir a comportamientos perfeccionistas:** pueden expresarse en forma de queja, en la persona quejica, de negatividad, en la persona negativa, o en la retirada silenciosa en la persona infranqueable. Todos ellos tienen en común que están convencidos de que no saldrá bien.

06

Comprender el tercer objetivo: relacionarse

«Si la prioridad es relacionarse,
los deseos personales son
menos importantes que el
objetivo de relacionarse con
los demás.»

El tercer objetivo es relacionarse con la gente. Es un objetivo necesario para crear y cultivar relaciones. Si quiere relacionarse con alguien, será menos asertivo y considerará los intereses y las necesidades del otro por encima de los suyos. Dicho de otro modo, su deseo personal es menos importante que el objetivo de relacionarse con otra persona.

El problema es que cuando las personas se concentran en relacionarse con los demás, dudan constantemente de la impresión que causan a quienes les rodean y suelen tomarse cualquier reacción, comentario o gesto en clave personal. El comportamiento se orienta cada vez más a obtener la aprobación de los demás o a evitar la desaprobación. Los tres caracteres más difíciles cuando se relacionan son el infranqueable, por su pasividad, el siempre disponible, por su poca fiabilidad, y el dubitativo, por su indecisión.

El infranqueable. Son personas tímidas, incómodas e inseguras con las que representa un esfuerzo relacionarse. Piensan que si no pueden decir nada bueno, es mejor no hablar, y pueden pasarse todo el tiempo en silencio. Es cierto que esta estrategia es perfecta para evitar conflictos, herir los sentimientos de alguien y entrar en disputas, pero como la persona infranqueable no se muestra como es ni habla con franqueza, no llega a relacionarse con nadie.

El siempre disponible. Son personas que intentan relacionarse con los demás respondiendo que sí a todo lo que les piden. Intentan satisfacer a todo el mundo sin tener en cuenta las consecuencias. Al cabo de poco tiempo han incumplido tantas promesas y han olvidado tantos mensajes que las personas con quienes quería relacionarse se han enojado con ellas. En las pocas ocasiones en que logran cumplir todo lo que prometen, la vida de estas personas siempre disponibles ya no es suya, sino de los demás. Esta

—

situación les produce un sentimiento de ansiedad creciente y de resentimiento que puede llevarles a perjudicar a las personas con quienes quieren relacionarse inconscientemente.

El dubitativo. Las personas dubitativas evitan tomar decisiones con el objetivo de evitar la desaprobación de los demás. No quieren ser los culpables de decisiones que puedan afectar a otros. Por lo tanto, postergan la decisión, la eluden y esperan a que la tome otra persona, o que se tome sola. Como los otros comportamientos difíciles, este perpetúa el problema que quiere resolver y causa tales frustración y malestar en la persona que les impide que relacionarse con éxito con los demás.

Puntos clave:

→ **Comprenda que el comportamiento a veces tiene el objetivo de relacionarse:** como verá en los siguientes capítulos, establecer un terreno común es una buena técnica. Basar sus acciones (y su autoestima) en las percepciones de los demás es contraproducente.

→ **Conozca la dinámica de relacionarse:** la persona se siente insegura, no sabe qué opinan de ella los demás y se toma las reacciones, comentarios y expresiones faciales en clave personal. Actúa para obtener la aprobación de los demás o, al menos, evitar la desaprobación.

→ **Reconozca que el objetivo de relacionarse puede conducir a comportamientos que buscan la aprobación:** pueden expresarse como la autoexclusión del infranqueable, la amabilidad del siempre disponible y la indecisión del dubitativo. Todos ellos tienen en común que no saben a qué se enfrentan.

—

07

——

Comprender el cuarto objetivo: ser apreciado

«El deseo de participar y ser
apreciado por ello es uno de
los factores de motivación más
potentes conocidos.»

El cuarto objetivo requiere más asertividad y orientación a las personas para ser visto, escuchado y reconocido. El deseo de participar y ser apreciado por ello es uno de los factores de motivación más potentes. Los estudios demuestran que tanto las personas que están satisfechas en el trabajo como las parejas felizmente casadas se sienten apreciadas por sí mismas y por lo que hacen.

Cuando no se logra el objetivo de sentirse apreciado, la falta de opiniones positivas se mezcla en las mentes de estas personas con las reacciones, los comentarios y las expresiones faciales de los demás, y la persona lo toma como algo personal. El objetivo de ser apreciado intensifica de forma directa la falta de comentarios positivos, y el comportamiento problemático se dirige cada vez más a llamar la atención.

Los tres comportamientos más difíciles cuando llaman la atención porque quieren obtener su apreciación son la granada, el francotirador y el sabelotodo.

La granada. Cree que nadie le aprecia ni respeta y, cuando el silencio empieza a ser insoportable, la granada explota en un arrebato ensordecedor: "¡A nadie le importa! Por eso va el mundo así. ¡Ni siquiera sé por qué me preocupo!" (Mientras el tanque dispara con precisión milimétrica, la granada explota sin control en todas direcciones, y sus motivos pueden no estar en absoluto relacionados con la situación actual.) Como su comportamiento desesperado produce atención negativa y disgusto, se siente peor y es muy probable que vuelva a explotar en la siguiente ocasión.

El francotirador amable. Es una variante del francotirador antipático que intenta volverle loco. En realidad, a esta persona le cae bien y sus ataques son una forma "divertida" de llamar la atención. Por lo general, la mejor defensa es un buen ataque, ya que, en lugar de ofenderle, un ataque por su parte significaría que le aprecia. No obstante, si la persona que es objeto del ataque no da ni recibe apreciación de esta forma, puede ocultar su malestar con una sonrisa educada.

El sabelotodo. Es especialista en exagerar, decir medias verdades, utilizar términos que pocos conocen y dar consejos inútiles u opiniones que nadie le ha pedido. En su desesperación por lograr la atención de alguien, con su carisma y entusiasmo, puede poner en graves dificultades a todo un grupo de personas inocente. Cuando se enfrenta a otra persona, el sabelotodo sube el tono de voz, se mantiene en sus trece y no se retira hasta lograr dejar mal al contrario, igual que cree que ha quedado él antes.

Puntos clave:

→ **Comprenda que el comportamiento a veces tiene el objetivo de ser apreciado:** todos queremos sentirnos apreciados. La diferencia está en el modo de logarlo.

→ **Conozca la dinámica de lograr ser apreciado:** las personas que están más preocupadas por recibir atención positiva tienen baja autoestima y esperan demasiado de las reacciones de los demás, sus comentarios y expresiones faciales.

→ **Reconozca que el objetivo de ser apreciado puede conducir a comportamientos que demandan atención:** pueden expresarse como los arrebatos de la granada, las bromas crueles del francotirador amable o la fanfarronería del prepotente. Todos tienen en común que buscan llamar su atención.

Escriba ahora con sus propias palabras aquellas peculia-
ridades de esos comportamientos difíciles que ponen en
riesgo alcanzar la meta propuesta.

- **Acabar la tarea**

El tanque / El francotirador / El enterado

_____

_____

_____

_____

_____

_____

_____

_____

- **Hacer bien la tarea**

El quejica / El negativo / El infranqueable

_____

_____

_____

_____

_____

_____

_____

_____

- **Relacionarse con la gente**

El infranqueable / El siempre disponible / El dubitativo

_____

_____

_____

_____

_____

_____

_____

_____

- **Conseguir la apreciación de los demás**

La granada / El francotirador amable / El sabelotodo

_____

_____

_____

_____

_____

_____

_____

_____

08

Reconocer los resultados de objetivos frustrados

«Cuando una persona se da cuenta de que no está consiguiendo su objetivo, o de que está pasando justo lo que no quería, su comportamiento empeora y es menos tolerante con los demás.»

Los cuatro objetivos están presentes en nuestra vida: acabar una tarea, hacerla bien, relacionarse con la gente y obtener su apreciación. El orden de prioridad de los objetivos puede cambiar de un momento a otro. Por lo general los sopesamos y elegimos el objetivo que logre el mejor resultado con más facilidad.

¿Qué sucede cuando no se logra el objetivo? Veamos cada objetivo con su consecuencia cuando se ve amenazado (véase el gráfico de la página 52).

- Si el objetivo de acabar una tarea peligra, cuando parece que la tarea no se vaya a acabar a tiempo, el comportamiento pasa a ser más controlador. Estas personas intentan hacerse cargo de todo y siguen adelante a la desesperada.

- Si el objetivo de hacer una tarea bien peligra, cuando parece que quedará mal, el comportamiento pasa a ser más perfeccionista. Estas personas encuentran todos los fallos y posibles errores.

- Si el objetivo de relacionarse con la gente peligra, cuando parece que les dejan de lado, el comportamiento pasa a buscar la aprobación. Sacrifican sus propias necesidades para satisfacer a los demás.

- Si el objetivo de obtener la apreciación de los demás peligra, cuando parece que no lo logran, el comportamiento pasa a llamar la atención. Es difícil ignorarles.

Así es como empieza. Una persona que en un principio actuaría en la "zona normal" de interacción se acerca a los extremos de la zona de confort y pasa a una "zona gris" de comportamiento menos aceptable. Incluso puede llegar a mostrar un comportamiento problemático.

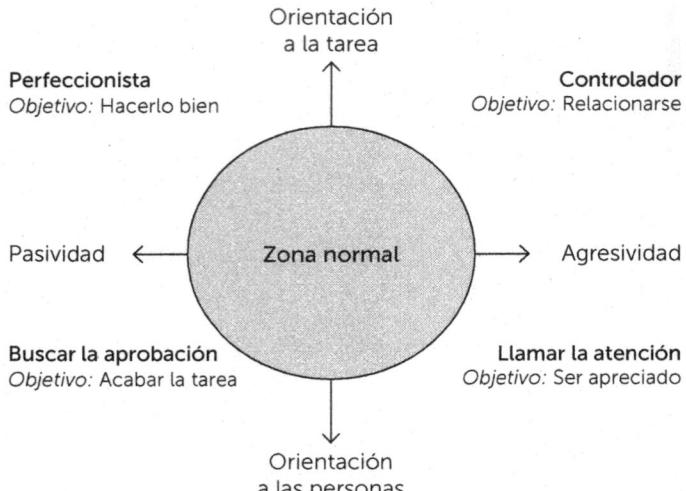

 Puntos clave:

→ **Comprenda que los cuatro objetivos forman parte de la naturaleza humana:** todos somos humanos y las cosas nos afectan.

→ **Recuerde que cada objetivo tiene unos comportamientos predecibles:** las personas que quieren acabar una tarea se vuelven más controladoras. Las personas que quieren hacerlo bien se vuelven más perfeccionistas. Las personas que quieren relacionarse con otros acaban buscando su aprobación. Las personas que quieren ser apreciadas acaban llamando la atención.

→ **Esté alerta a los signos de un comportamiento que se sale de la "zona normal":** algunas personas que estaban actuando de forma aceptable se vuelven insoportables.

09

——

Reducir las diferencias

«El conflicto surge cuando se da más importancia a las diferencias. Reducir las diferencias puede convertir un conflicto en una cooperación.»

¿Por qué es tan fácil relacionarse con unas personas y tan difícil hacerlo con otras? El conflicto en una relación aparece cuando se les da más importancia a las diferencias que a las similitudes. La clave está en fijarse en lo que nos une y no en lo que nos separa.

Para comunicarse con éxito con personas difíciles es necesario reducir las diferencias. El éxito de la comunicación depende de encontrar un terreno común e intentar reorientar la interacción hacia un nuevo resultado.

La **adecuación** y la **reorientación** son dos técnicas esenciales de la comunicación que le ayudarán a reducir las diferencias. Con la adecuación, reducirá las diferencias entre usted y la otra persona. Con la reorientación, cambiará la trayectoria de sus interacciones gracias a un mayor entendimiento. Estas técnicas no son ningún nuevo descubrimiento, sino que forman parte de la interacción humana habitual. Es muy posible que ya las haya utilizado, aunque sin saberlo.

Cuando habla con una persona, pone en práctica varios elementos de la adecuación: visualmente, cambia su expresión facial, el grado de entusiasmo o la postura corporal para ajustarse a la otra persona; verbalmente, adecúa su discurso al volumen y a la velocidad de la persona con quien está hablando; y conceptualmente, adecúa sus palabras. El resultado de la adecuación es que la otra persona se siente escuchada y comprendida. Del mismo modo que usted se adecúa de forma natural a las personas que le caen bien o a las personas con quien comparte un objetivo, es natural que no se adecúe a las personas que percibe como difíciles. La falta de adecuación tiene graves consecuencias, porque aumenta las diferencias, que serán la base del conflicto.

Tres puntos clave:

→ **Recuerde que nadie coopera con alguien que parece tener en contra:** en las relaciones humanas no hay medias tintas. De forma consciente o inconsciente, todas las personas perciben las afinidades. Una relación estrecha se interpreta como un terreno común y una relación fría como dos mundos aparte.

→ **Reduzca las diferencias entre usted y la otra persona:** puede adecuar la comunicación con su expresión facial, los gestos, el volumen y la velocidad del discurso y las palabras.

→ **Adecúe la comunicación antes de reorientarla, tanto si escucha para comprender como si habla para que le comprendan:** solo después de establecer un terreno común con la persona difícil mediante la adecuación, podrá reorientar la interacción y cambiar la trayectoria para lograr un resultado mejor. Cuando hable con una persona especialmente difícil, recuerde ocasiones en las que ha conseguido la adecuación o reorientación en el pasado, e imagine las circunstancias en las que podría volver a hacerlo.

10

Escuchar para comprender

«Si dos o más personas quieren hablar al mismo tiempo y nadie quiere escuchar, el conflicto es inevitable. Escuche y comprenda primero para poder comprender sus motivos.»

Cuando las personas se expresan verbalmente, esperan como mínimo señales de dos cosas: que la otra persona les ha oído y que les ha comprendido. Para ser un buen comunicador, ante todo tiene que saber escuchar. Le damos cinco pasos para escuchar bien.

El **primer paso** para escuchar bien es la **adecuación**, que hemos presentado en la lección anterior. ¿Qué señales tiene el interlocutor de que le escucha y le comprende? Básicamente, su mirada y las corroboraciones mientras el interlocutor habla. No distraiga a una persona difícil con miradas desconcertadas, interrupciones ni expresándole su desacuerdo. Afirme con la cabeza y corrobore con sonidos sutiles que le entiende hasta que haya expresado por completo sus ideas y sus sentimientos. Transmita con todo su cuerpo que le está escuchando y comprendiendo, desde la postura hasta el tono de la voz.

Cuando la persona empiece a repetir lo que ya ha dicho, es el momento de pasar al **segundo paso**: **repetición**. Se trata de repetir las mismas palabras que la otra persona ha dicho. De este modo le envía una señal evidente de que le escucha y le presta atención. Traducir o parafrasear lo que ha dicho es contraproducente, y puede dar la impresión de que no ha entendido lo que decía.

Después de haber escuchado a la persona difícil, el **siguiente paso** es la **aclaración**. En este punto, amplíe información sobre el significado del mensaje. Plantee algunas preguntas abiertas para descubrir por qué la persona está siendo difícil y cuál es el objetivo de su comportamiento.

No siempre es posible comprender los motivos de una persona. A veces las emociones nublan la capacidad de razonamiento de algunas personas y actúan solo movidos por sentimientos. Aunque es prácticamente imposible razonar con una persona emocional, es perfectamente posible hacer ver que le comprende, repetir lo que ha dicho y mostrar curiosidad con algunas preguntas.

El **cuarto paso** es el **resumen** del mensaje. Resumir lo que le ha dicho la otra persona es una forma segura de comprobar que se han entendido. Cuando resume la información suceden dos cosas: en primer lugar, si le falta información, la otra persona le dará todos los detalles; y en segundo lugar, le demuestra de nuevo que se está esforzando por comprenderle. Después de este paso es mucho más probable que, con el tiempo, obtenga la cooperación de esta persona.

Si ha escuchado con atención, habrá llegado a un punto importante. Antes de seguir adelante confirme con la persona que se siente satisfecha y que le ha contado todo el problema. Pregúntele si se siente comprendida y si quiere añadir algo.

Una persona difícil se vuelve menos difícil y más cooperativa si le escucha con atención, le pregunta, se interesa por ella y le recuerda que no está sola.

Puntos clave:

→ **Escuche primero, escuche bien:** hasta que la persona no haya dicho todo lo que quiere decir, no le escuchará (ni le entenderá).

→ **Aprenda y practique los cinco pasos de una buena escucha:** adecuación, repetición, aclaración, resumen y confirmación.

→ **Compruebe que la otra persona sabe que le ha escuchado y le ha comprendido:** confírmelo antes intentar que le escuche o le comprenda.

11

Comprender en profundidad

■ ■

«Lo que le ayudará a comunicarse con eficacia, impedir conflictos en el futuro y resolver conflictos actuales antes de que exploten es el resultado de examinar detenidamente el comportamiento difícil hasta encontrar el motivo que se oculta detrás.»

■ ■

Hemos explicado que escuchar con atención aumenta la confianza, la cooperación y la comprensión. Sin embargo, algunas veces los elementos más importantes y útiles de la comunicación están ocultos, no solo para la persona que escucha sino también para la que habla. Si logra identificar las motivaciones de una persona difícil, comprenderá mejor sus necesidades y su objetivo.

Identificar el objetivo es un primer paso importante para comprender a una persona difícil. Ponga en práctica la estrategia de adecuación a los cuatro objetivos para aumentar la cooperación y reducir los malentendidos.

Por ejemplo:

- Si le parece que está hablando con una persona cuyo principal objetivo es acabar la tarea, comuníquese de forma concisa y breve.

- Si le parece que está hablando con una persona cuyo principal objetivo es hacer una tarea bien, comuníquele su atención por los detalles.

- Si le parece que está hablando con una persona cuyo principal objetivo es relacionarse con usted, demuéstrele que le interesa.

- Si le parece que está hablando con una persona cuyo principal objetivo es ser apreciado, reconozca su participación y apréciela.

Dicho de otro modo, es esencial descubrir el motivo que impulsa el comportamiento o la comunicación de una persona. Sorprendentemente, incluso si no está seguro del objetivo de la otra persona, elija el más probable y actúe en consecuencia. Los objetivos están dentro de usted. En la mayoría de las ocasiones, la intuición le guiará y obtendrá una buena respuesta y un mejor entendimiento. Si no lo consigue, pruebe otra opción.

Otra manera de comprender mejor a una persona difícil es identificar los criterios que considera importantes. Los criterios son filtros en nuestros puntos de vista, las normas que evalúan nuestras ideas y experiencias, y determinan si son buenas o malas. Los criterios son especialmente importantes cuando se enfrentan diferentes ideas o puntos de vista. En cuanto identifica los criterios de una conversación, genera más flexibilidad y cooperación.

Cuando una conversación empieza a degenerar en conflicto, intente comprender los motivos de ambos bandos. Luego, busque una idea o solución al problema que reúna todos estos criterios. Este es otro modo de convertir un conflicto en cooperación.

Puntos clave:

→ **Identifique los objetivos y actúe en consecuencia:** si alguien necesita su apreciación, por ejemplo, muéstresela de manera inequívoca.

→ **Actúe según el objetivo aunque no esté seguro:** los objetivos están dentro de usted. Déjese guiar por la intuición. Si no funciona, pruebe otra cosa.

→ **Comprenda los criterios de la persona difícil:** ¿cuáles son sus filtros? ¿Cómo puede utilizar estos criterios para crear nuevas opciones?

12

Hablar para que le comprendan

«Su forma de hablar puede lograr que la otra persona confíe en usted o se ponga a la defensiva, coopere con usted o aumente la resistencia, provoque un conflicto o logre que le comprenda.»

Hemos explicado cue la escucha efectiva es el mejor modo de aumentar la confianza, la comprensión y es un requisito previo para lograr comunicarse de forma eficaz con una persona difícil. El modo en que se expresa cuando habla con una persona difícil también es importante para lograr efectos positivos. Las señales, los símbolos y las sugerencias forman parte de nuestra comunicación y son una oportunidad para mejorar la relación con la otra persona. Le proporcionamos **cinco técnica**s que le ayudarán a lograr una comun cación eficaz.

Adecúe el tono de voz. El tono de la voz puede enviar un mensaje positivo o negativo. Aunque las palabras que esté utilizando sean las más adecuadas, si el tono de voz imprime prisa, hostilidad o transmite que está a la defensiva, las personas que le escuchan recibirán un mensaje muy diferente del que usted dice.

Los mensajes confusos, por ejemplo si el tono de voz no coincide con las palabras, pueden causar malentendidos. Si se da cuenta de que está enviando un mensaje confuso, deténgase y explíquelo con claridad: "Sé que parezco enfadado, porque este asunto es muy importante para mí".

Exprese el objetivo. Transmítale con exactitud el objetivo principal al interlocutor. Esperar que los demás capten el mensaje implícito, en lugar de definirlo claramente, puede dar lugar a malentendidos. No deje nada al azar. Explique con claridad el objetivo de la comunicación para facilitar que la otra persona le comprenda.

Interrumpa discretamente. En ocasiones es necesario interrumpir a una persona difícil, por ejemplo cuando está gritando, dominando una reunión o dando vueltas en círculos de negatividad. Interrumpirle puede ser una solución elegante. Si lo hace con tacto, puede ayudarle a reorientar la situación.

Para interrumpir discretamente es necesario no expresar indignación, no echarle la culpa a la otra persona y no tenerle miedo. Limítese a repetir su nombre una y otra vez, con decisión y constancia, hasta que capte su atención. Las repeticiones crean una fuerza irresistible que distrae a los caracteres del tanque, el enterado, la granada y el quejica. Esa fuerza es tan irresistible que dejarán de hablar para escucharle.

Diga la verdad. La honestidad puede ser eficaz con los caracteres difíciles. Encuentre una manera de decirle la verdad de forma positiva, con comentarios constructivos. Recuerde explicarle por qué le dice la verdad antes de decírsela, así se asegura de que queda claro. Exprese su objetivo positivo con palabras y explíquele por qué cree que le interesará escuchar lo que tiene que decirle. Asegúrese de destacar que es su opinión. A continuación, sea específico sobre el comportamiento problemático, no generalice y explíquele por qué el comportamiento ha hecho fracasar su objetivo. Luego puede sugerir nuevos comportamientos que sustituyan a los anteriores.

 Sea flexible. Si la persona problemática se pone a la defensiva, sea flexible y busque otro momento más adecuado para hablar de ello. Céntrese en su reacción e intente comprender mejor todas las objeciones con las técnicas de adecuación, repetición, aclaración y resumen (ARAR) del capítulo 10. Aunque crea que le está exigiendo demasiado tiempo, puede estar seguro de que consumirá menos energía que con una conversación que está destinada al fracaso.

—

Puntos clave: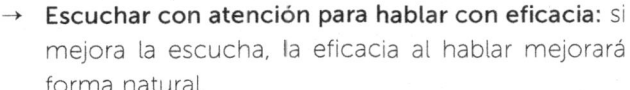

→ **Escuchar con atención para hablar con eficacia**: si mejora la escucha, la eficacia al hablar mejorará forma natural.

→ **Aprenda y practique las cinco técnicas para hablar y que le entiendan:** es cierto que hablar de forma eficaz es complicado y requiere más tiempo, pero es la mejor estrategia a largo plazo.

→ **Recuerde que "comunicar" tiene la misma raíz que "común":** comunicar es establecer un terreno común.

 A continuación, para memorizar las cincos técnicas que le acabamos de proponer, intente explicarlas con sus propias palabras en los siguientes recuadros e imagine una pregunta clave que le ayude a ponerse en la disposición adecuada para una comunicación eficaz...

VOZ

OBJETIVO

DISCRECIÓN

VERDAD

FLEXIBILIDAD

13

Proyectar y esperar
lo mejor

«La gente puede esforzarse o relajarse para ajustarse a sus expectativas y proyecciones. Utilice estrategias de proyección para motivar a la persona problemática a que cambie por sí misma.»

El comportamiento difícil de las personas problemáticas se refuerza, o incluso empeora, con las reacciones distraídas o negativas de las personas que le rodean. Si quiere ser una influencia positiva, necesitará prestar atención a sus respuestas.

Es beneficioso para usted dar el beneficio de la duda a las personas difíciles, así como romper su dependencia del comportamiento negativo y **reforzar comportamientos más constructivos**. Si lo hace de forma habitual, la persona difícil le considerará un aliado y estará más dispuesta a cumplir sus expectativas positivas.

No subestime el poder de las expectativas, el conocido como **efecto Pigmalión**. Si le dice a alguien que tiene elevadas expectativas sobre él, no lo negará. Por el contrario, se esforzará por responder a ellas. En cambio, si la otra persona sabe que sus expectativas son bajas, seguramente se adecuará a ellas y no se esforzará.

Cuando la persona difícil empieza a mostrar el comportamiento negativo, puede tener la tentación de decir: "Es su problema. Siempre igual". Si aprende a utilizar el efecto Pigmalión en su beneficio, su reacción será: "¡Así no es usted! Usted puede...", y a continuación le describirá cómo quiere que sea la persona, como si ya lo fuera. El refuerzo del comportamiento positivo es muy importante. Cada vez que una persona difícil tenga un buen comportamiento, refuércelo: "Esta es una de las cosas que me gustan de usted. Siempre...". y explíquele lo que ha hecho correctamente para que pueda repetirlo en el futuro.

No es fácil de utilizar el efecto Pigmalión ante un comportamiento difícil: requiere práctica. Repita para sus adentros los comentarios positivos, y de este modo saldrán con naturalidad en el momento adecuado. Oblíguese a pensar que la persona puede cambiar, aunque todas las pruebas le indiquen lo contrario. Estamos convencidos de que se llevará una grata sorpresa al descubrir que usted puede sacar lo mejor de una persona difícil.

Puntos clave:

→ **Comprenda y ponga en práctica el efecto Pigmalión:** la naturaleza humana es así. Si le dice a una persona que está haciendo algo mal, se pondrá a la defensiva. En cambio, si minimiza la reacción dándole el beneficio de la duda y diciéndole que espera lo mejor, puede hacerlo bien.

→ **Aprecie las críticas:** aquí también se aplica el efecto Pigmalión. Si no acepta bien las críticas, lo más seguro es que las cosas empeoren. Le parece que si se defiende estará admitiendo la culpa, y que todo lo que diga puede ser usado en su contra. Un modo de evitar que las críticas le afecten, sin interiorizarlas ni enfrentarse a ellas, es apreciarlas de manera verbal. Con un sencillo "gracias por el comentario" puede zanjar el tema. Otra opción es escucharlas con atención y pedirle detalles a la persona hasta que encuentre información que le resulte de utilidad o descubra que no se trata de usted y pierda interés en criticarle.

14

Sacar lo mejor del tanque

«El comportamiento del tanque
es beligerante, provocador y
mordaz, incluso puede llegar a
ser arrollador y agresivo.»

Si está sufriendo los ataques de un comportamiento del tipo tanque, es porque le considera una parte del problema. Con su comportamiento agresivo, pretende sacarle de en medio o eliminar el obstáculo que representa. Su finalidad debe ser infundirle respeto, pues los tanques no atacan a aquellos a quienes respetan. Las personas agresivas requieren reacciones asertivas. Le proponemos un plan de cinco pasos para enviar una señal clara de que usted es fuerte y está decidido a que lo respeten.

- **Manténgase firme.** No se mueva, no modifique su postura, ni pase a la ofensiva ni a la defensiva. Espere a que finalice el ataque, explíquele lo que va a hacer (aunque sea alejarse de él) y hágalo. En otras ocasiones será necesario dar el siguiente paso.

- **Interrumpa el ataque.** Repita el nombre de la persona una y otra vez hasta que capte toda su atención. Cuando haya empezado esta estrategia, no la abandone. Las personas agresivas necesitan enfrentarse a personas asertivas que estén decididas y tengas las ideas claras, siempre que no lo perciban como un ataque. Hable con un tono de voz al 75% del volumen del tanque, así percibirá su asertividad sin interpretarla como agresividad.

- **Repita sus palabras.** Ahora que ya ha captado la atención del tanque, repita su argumento principal. Demostrará que le ha escuchado y que se comunica con él con respeto. La atención del tanque es muy breve, con dos frases tendrá suficiente y volverá a atacar. Espere unos segundos, interrúmpale de nuevo y vuelva a repetir sus palabras.

- **Apunte a su objetivo y dispare.** Reoriente la conversación a su objetivo y centre su atención en él. El tanque quiere acabar una tarea y su mejor opción es adecuarse a él para lograr el objetivo. Aunque cada situación es diferente, y el objetivo variará en consecuencia, sintetice el objetivo en una o dos frases. Dígalo con tacto y brevedad, pues el tanque solo

—

le prestará atención durante un periodo de tiempo muy breve. Intente transmitirle que están en el mismo barco; por ejemplo: "Los dos queremos lo mejor para este proyecto". Otra opción es plantear la situación como un problema que van a resolver juntos; por ejemplo: "Estoy aquí para ayudarle y vamos a resolverlo." Si el tanque le ve decidido a hacerse cargo de la situación, quedará convencido definitivamente. Por otra parte, si no se está comunicando con éxito, dígaselo a las claras; por ejemplo: "Cuando esté dispuesto a comunicarse de forma razonable, podremos hablar".

•   **Deje la puerta abierta.** No cierre ninguna puerta ante un tanque. Si deja la puerta abierta, el tanque puede aprovechar la oportunidad y seguramente lo hará. Deje que diga la última palabra... pero decida usted el momento y el lugar; por ejemplo: "Cuando me hable con respeto, escucharé de buen grado lo que me quiera decir".

 El tanque tiene tres respuestas emocionales típicas cuando ataca. Son respuestas naturales e inútiles. Conózcalas y adecúe su actitud:

→ **No contraataque:** no se enfrente a un tanque con sus mismas armas. Podría ganar una batalla, pero si el tanque decide buscar aliados en su contra, seguramente perdería la guerra.

→ **No se justifique ni se pierda en explicaciones:** no le interesan sus explicaciones. Es probable que un comportamiento defensivo empeore el comportamiento del tanque.

→ **No cierre nunca la puerta:** si se siente tentado de retirarse porque tiene miedo o quiere evitar el conflicto, piense que el tanque lo interpretará como una señal inequívoca de que su ataque estaba justificado y seguramente seguirá atacándole.

15

Sacar lo mejor del francotirador

«La especialidad del
francotirador es dejarle en
evidencia con comentarios
irrespetuosos, humor hiriente
o gestos despectivos en un
momento crítico.»

Con el objetivo de acabar la tarea, el francotirador intenta eliminar cualquier oposición cuando los planes no salen como estaba previsto u otras personas los obstaculizan.

Su finalidad al tratar con un francotirador es conseguir que salga de su escondite. Como su modo preferido de acción es actuar encubierto, al verse expuesto pierde la posición de control que le daba poder.

- **Deténgase, mírele y repita sus palabras.** Para lograr que el francotirador abandone su escondite, en primer lugar debe identificar dónde se esconde. Si percibe que alguien le está disparando, ¡deténgase! Aunque esté en medio de una frase. Su interrupción centrará la atención del francotirador y logrará que caiga su máscara. Mírele atentamente a los ojos durante un momento y repita el comentario con sus mismas palabras.

- **Pregunte para aclarar.** En ese momento, pregúntele directamente qué intenciones tiene, y deje que salga a la luz su comportamiento. Las dos preguntas más adecuadas están relacionadas con el objetivo y la pertinencia del comentario: "Cuando dice tal (repita sus palabras), ¿qué quiere decir exactamente?" y "¿Qué relación tiene tal (repita sus palabras) con la situación actual?". La clave al plantear estas preguntas es hacerlo con un tono neutro y una expresión facial neutra (léase "inocente").

- **Use la estrategia del tanque si es necesario.** Si el francotirador se convierte en un tanque, habrá mejorado la situación, y ahora ya sabré cuál es el problema. Utilice la estrategia recomendada para tratar con el tanque, no solo para ganarse el respeto del francotirador sino también para ganarse el de las personas que han sido testigos del ataque.

- **Haga un seguimiento de los ataques.** Si sospecha que alguien se la tiene jurada, pero no está seguro, conviértase en detective. Si encuentra pruebas de que alguien le tiene rencor, intente hablar con él. Si logra que salga a la luz lo que tiene

—

que decirle, escuche con atención. Cuando haya comprendido del todo el problema, dígale a la persona difícil que le entiende y agradézcale que lo haya descrito con tal claridad.

• **Sugiera una relación mejor en el futuro.** Tanto si está en público como en privado, acabe la intervención sugiriendo un comportamiento mejor en el futuro. Cada vez que finalice una comunicación con el francotirador, es importante que le exprese que prefiere mantener una comunicación franca y abierta.

En resumen...

→ **No se exceda en la reacción:** de su reacción depende el comportamiento futuro del francotirador. No le muestre que ha logrado su objetivo, así evitará que lo repita. La mejor actitud es mostrar cierto interés y curiosidad. Intente no tomárselo como algo personal. Dirija la atención al francotirador, no a usted.

→ **Distinga entre francotiradores amables y malintencionados:** Los francotiradores amables tienen el objetivo de ser apreciados, necesitan llamar la atención. En cambio, los francotiradores malintencionados tienen el objetivo de acabar una atarea y, en su necesidad de control, quieren debilitar el de los demás.

→ **Con el francotirador amable, cambie la situación:** tómese el comentario como una muestra de afecto o una particularidad de su comportamiento. Intente restarle importancia o tomárselo a broma. O dígale directamente que no disfruta con esta provocación ni con sus comentarios. Como usted le cae bien, es posible que cambie su comportamiento para satisfacerle. Si lo logra, refuerce positivamente el más mínimo cambio.

16

—

Sacar lo mejor del enterado

«El enterado pocas veces duda y
es poco tolerante a las
correcciones y contradicciones.
Si algo sale mal, hablará con la
misma autoridad sobre el
culpable: ¡usted!»

Los enterados son personas cultas y extremadamente competentes, muy asertivas y claras al exponer sus puntos de vista. Su objetivo es acabar una tarea de una forma muy concreta, porque han decidido que esa es la mejor opción. Pueden ser muy controladores y poco tolerantes a las correcciones y contradicciones. Para estas personas, cualquier idea nueva pone en duda su autoridad y su conocimiento. Por ello se crecen ante estos retos. No escatimarán medios para evitar la humillación.

Su finalidad al comunicarse con enterados es lograr que acepten nuevas ideas y nueva información. ¡No es tarea fácil! Como hemos visto, es prácticamente imposible lograr que acepten una idea nueva.

- **Esté preparado y compruebe su información.** Si hay un mínimo error o falta de precisión en su idea, el radar del enterado lo encontrará y lo utilizará para hundirla. Si quiere que un enterado considere su alternativa, debe comprobar previamente su información antes de hablar con él y presentarla de forma clara y concisa.

- **Repita sus palabras con respeto.** Le advertimos: con un enterado tendrá que realizar mucho más trabajo de repetición que con cualquier otra persona difícil. Primero, consiga convencerle de que ha entendido la genialidad de su punto de vista, y luego podrá reorientarle a otro punto de vista.

- **No basta con repetir sus propias palabras.** Además demuéstrele respeto y sinceridad. Tiene que hablar como si el punto de vista del enterado fuera realmente el correcto.

- **Adecúese a sus dudas y deseos.** Si el enterado cree de verdad en una idea, tendrá criterios específicos que hagan que esa idea sea importante para él. Una estrategia que logra muy buenos resultados es adecuarse a sus criterios, si los conoce, y explicitarlos antes de presentar su idea. A continuación, muestre que su idea tiene en cuenta los mismos criterios.

• **Presente su idea de forma indirecta.** Si ya ha llegado el momento de reorientar al enterado hacia su posición, utilice palabras suaves como "quizá", "tal vez" y "tenga un poco de paciencia conmigo" para plantear su hipótesis de forma indirecta. Evite las afirmaciones contundentes. Es mejor plantear preguntas que afirmaciones y utilizar "nosotros" en lugar. de "yo".

• **Conviértalos en sus mentores.** Reconozca que él es un experto y que usted quiere aprender: así dejará de ser una amenaza. El enterado dedicará más tiempo a enseñarle que a atacarle. De este modo, también aumentarán las posibilidades de que en el futuro esté más dispuesto a escucharle.

Adecúe su actitud:

→ **No utilice las mismas armas que el enterado:** resista la tentación de convertirse en un listillo. Solo serviría para que se obstine más en su contra.

→ **No muestre su resentimiento:** aceptar segundas opiniones no forma parte de la naturaleza del enterado. El resentimiento solo conduce al conflicto, y no tiene ningún sentido.

→ **No le obligue a escuchar sus ideas:** aprenda a ser flexible, paciente y espere el momento oportuno para presentar sus ideas.

17

Sacar lo mejor del sabelotodo

«Los sabelotodos no pueden engañar a todo el mundo durante mucho tiempo, pero pueden engañar a alguien el tiempo suficiente o a unos cuantos todo el tiempo, solo para lograr atraer su atención.»

Las personas que actúan como sabelotodos, sin ser realmente expertos er algo, buscan el aprecio de los demás. Si se sienten menospreciadas, intentarán atraer la atención de otras maneras. Los sabelotodos se inmiscuyen en conversaciones en las que nadie les ha pedido su opinión.

Su finalidad es sorprenderles en plena acción e identificar los malos consejos. La mejor estrategia es evitar que el sabelotodo se ponga a la defensiva. Con el siguiente plan de acción podrá sacar lo mejor del sabelotodo.

- **Prestarle un poco de atención.** Existen dos modos de prestar atención a un sabelotodo. El primero es repetir sus comentarios con entusiasmo, así le demuestra que le ha prestado atención (y orienta hacia ellos la atención para que se den cuenta de la insensatez). El segundo modo es reconocer el objetivo positivo de la persona sin perder el tiempo en la información, y así le concede atención positiva sin estar de acuerdo con sus comentarios.

- **Pedir aclaraciones.** Si la otra persona no es experta en el tema y usted sí, no le costará pedirle algunos detalles. Pregúntele por cuestiones clave de la información que ha dado. A los sabelotodos les gusta hablar con generalizaciones. Fíjese especialmente en las palabras "a todo el mundo" y "siempre".

- **Demostrar la realidad.** Reoriente la conversación con cuidado hacia la realidad. Hable en primera persona para que no se tome los comentarios como una amenaza. Documente su idea con pruebas irrefutables mientras va hablando.

- **Darle un respiro.** En este punto, ya ha quedado demostrado que el sabelotodo no sabe de qué habla y usted sí. Resista la tentación de darle una lección. Ofrézcale una salida airosa y evite la posibilidad de que se ponga a la defensiva. Es más fácil hacer cambiar de opinión a un sabelotodo que a un enterado. Si le da la oportunidad de apuntarse a su carro, es muy probable que apoye su idea.

- **Romper el círculo.** Una vez se le pone la etiqueta de sabelotodo, es posible que la gente deje de mostrarle su reconocimiento o apreciación, incluso cuando se lo merece. Esta situación aumenta la necesidad del sabelotodo de sentirse apreciado, y endurece su comportamiento. "Romper el ciclo" significa concederle toda la apreciación que se merece. Fíjese en el comportamiento correcto y elógielo. Muchas veces, el mero hecho de logar la atención es lo único que necesita para eliminar el comportamiento problemático. Con otras personas, utilice una confrontación amable para hacerles ver las consecuencias de su comportamiento negativo.

Adecúe su actitud:

→ **No presione:** si reta directamente a un sabelotodo, lo único que logrará será un contraataque. Su falsa seguridad podría convencer a los demás, que tampoco son expertos.

→ **No juzgue demasiado rápido:** todos hemos defendido ideas de las que no estábamos convencidos.

→ **No caiga en la tentación de llevarle la contraria:** podría perder la credibilidad. Limite la necesidad de llamar la atención de los sabelotodos e ignore sus interrupciones insignificantes.

18

Sacar lo mejor de la granada

«Tras un breve periodo de calma, la granada explota vociferando y quejándose de cosas que no tienen nada que ver con la situación actual.»

Cuando los esfuerzos de una persona chocan con la indiferencia de los demás, es posible que explote en un intento mal disimulado de llamar la atención. Perder el control emocional es una estrategia de defensa contra el sentimiento de invisibilidad, es la estrategia que utiliza la granada.

Si usted ha perdido el control en alguna ocasión como adulto dentro de un grupo, sabrá cuánta humillación comporta. Las granadas se odian a sí mismas por su comportamiento, aunque justamente este malestar aumenta la presión y provoca la siguiente explosión. Es un ciclo volátil que puede continuar para siempre, pero con un poco de prevención es posible lograr grandes resultados. Estos son los cinco pasos necesarios para sacar lo mejor de la granada.

- **Captar la atención de la granada.** Tal vez sea el único momento en que le pueda escuchar, así que no parezca agresivo. Llámele por su nombre con un tono que no demuestre ira, sino interés.

- **Apuntar a sus sentimientos.** Dígale exactamente lo que necesita oír, así le demostrará que está realmente preocupado. Si se fija con atención, encontrará la causa de la explosión. Repítalo con sus mismas palabras para asegurarle que le preocupa. Apunte directamente a sus sentimientos: se sorprenderá de lo rápido que vuelve en sí la granada.

- **Reducir la intensidad.** Si nota que la granada empieza a responder, reduzca el tono y la intensidad de su voz. Puede calmarle y conducirle a una interacción normal reduciendo la intensidad de sus mensajes.

- **Dejar tiempo al mal comportamiento.** Es inútil intentar tener una conversación razonable con una persona en plena explosión de adrenalina. Deje que transcurra un tiempo y que todo vuelva a su cauce. Al cabo de un rato, pídale que vuelva e intente solucionarlo.

- **Evitar la explosión.** Es un paso necesario para la relación a largo plazo con la granada. Es vital para sacar lo mejor de estas personas. Descubra el desencadenante de la explosión y evítelo. Si descubre que el desencadenante es otra persona de la oficina, puede serle útil aprender técnicas de comunicación entre personas y de resolución de problemas.

Adecúe su actitud:

→ **Disimule su ira:** si libera su ira en una situación explosiva, solo logrará empeorar la situación.

→ **Aprenda a ver a la granada de un modo diferente:** a veces es útil verla como un niño de dos años que tiene una pataleta. Si ajusta su percepción de la granada, ganará distancia para afrontar mejor la situación.

→ **Escúchele:** sea cual sea la causa de las explosiones, si está dispuesto a escuchar con atención los problemas que le cuente, podrá reducir la frecuencia y la intensidad de las explosiones.

19

Sacar lo mejor del siempre disponible

■■■■■■■■■■■■■■■■■■■■■■■■■

«Para satisfacer a los demás y
evitar confrontaciones, las
personas siempre disponibles
dicen que 'sí' sin pensar.
Reaccionan a las últimas
demandas y se olvidan de las
promesas anteriores hasta que
se quedan sin tiempo para sí
mismas. En este punto surge
el resentimiento.»

■■■■■■■■■■■■■■■■■■■■■■■■■

Las personas siempre disponibles están muy orientadas a la gente y poco orientadas a la tarea. Son extremadamente poco organizadas y aceptan demasiados compromisos para intentar satisfacer a todo el mundo.. Cuando se comprometen, no piensan en las consecuencias del compromiso, y por eso suele ser muy habitual que no logren cumplirlos.

Las personas siempre disponibles se sienten muy desdichadas cuando no pueden cumplir algo que han prometido. Sin embargo, pocas veces se sienten responsables de ello: siempre culpan a circunstancias que escapan a su control.

Su finalidad con una persona siempre disponible es lograr que se comprometa de forma fiable. Con estos cinco pasos logrará sacar lo mejor de las personas siempre disponibles.

- **Es mejor ser honesto.** Si se adapta a la persona con el lenguaje verbal y no verbal, asegurará un entorno de comunicación seguro y la persona podrá decirle honestamente si puede cumplir su promesa. A medida que la persona se sienta cómoda, le comunicará sus pensamientos y sentimientos reales con más facilidad.

- **Hablar con franqueza.** Si cree que la persona siempre disponible está enfadada o resentida por algo o cree que está poniendo excusas, hable con ella. Escúchela con atención, sin contradecirla, ni saltar a las conclusiones ni sentirse ofendido. Agradézcale que esté hablando con franqueza.

- **Ayudarle a organizarse.** Cuando haya escuchado el punto de vista de la persona siempre disponible, tendrá claro por qué no puede cumplir todas sus promesas. Es el momento de crear la oportunidad de aprender. Enséñele habilidades básicas de gestión de tareas. De este modo utilizará mucho mejor su energía que enfadándose con la persona cuando no cumple sus compromisos.

• **Confirmar el compromiso.** Agradézcale su comunicación abierta y pregúntele cómo cambiará su actitud en el futuro.

• **En adelante, asegúrese de que la persona siempre disponible está comprometida desde el primer momento.** Pídale que resuma el proyecto para confirmar que ha comprendido todo lo que implica. Póngalo por escrito. Es muy recomendable establecer metas intermedias para comprobar que realiza todos los pasos a tiempo. Por último, describa las consecuencias negativas que tendría no cumplir el compromiso.

• **Reforzar la relación.** Aproveche todas las interacciones para reforzar la relación. Cada vez que cumpla un compromiso, busque un momento para comentarlo con ella y considere las promesas que no ha cumplido o los errores como una oportunidad para desarrollar sus habilidades.

Adecúe su actitud:

→ **No le culpe:** culpar a la persona siempre disponible solo sirve para que se sienta avergonzada y perpetuar el comportamiento, dado que seguirá intentando complacerle comprometiéndose con cualquier cosa que le pida.

→ **Tenga paciencia:** reconozca que la persona siempre disponible no sabe organizarse y necesita ayuda para solucionar ese problema. Si le enseña habilidades organizativas, le convertirá en su mejor aliado.

→ **Ayúdele a gestionar las tareas:** pídale que describa las tareas básicas del proyecto, las tareas que implica y las consecuencias negativas que acarrearía el incumplimiento de su compromiso. Ayúdela con metas intermedias para que cumpla el compromiso en el plazo acordado.

20

Sacar lo mejor del dubitativo

«El dubitativo posterga el momento de tomar la decisión esperando que se presente una solución mejor. Lamentablemente, llega un punto en que es demasiado tarde y la decisión se toma sola.»

Las personas resolutivas saben que todas las decisiones tienen sus pros y sus contras, los sopesan y toman la mejor decisión posible. Las personas dubitativas, en cambio, no son capaces de tomar decisiones, sobre todo si las consecuencias de sus decisiones pueden afectar a otras personas y corren el riesgo de perder su aprobación. Por ello postergan las decisiones difíciles esperando que surja una opción mejor. En la mayoría de las ocasiones, el paso del tiempo no solo no ayuda sino que empeora la decisión, y esta se acaba tomando sola.

Las personas dubitativas tienen muchos motivos para no pedir ayuda, no quieren preocupar a nadie y no quieren ser los culpables de que algo salga mal. Su finalidad al comunicarse con estas personas es proporcionarles una estrategia para tomar decisiones y motivarles a que la utilicen. Con estos cinco pasos, sacará lo mejor de las personas dubitativas.

• **Crear una zona de confort.** Cuando trata con una persona que quiere quedar bien a toda costa, lo mejor que puede hacer es crear una zona de confort alrededor del proceso de toma de decisiones. Disponga del tiempo necesario y transmita a la persona dubitativa que está convencido de que las relaciones mejoran gracias a la comunicación abierta.

• **Sacar a la luz los conflictos y concretar las opciones.** Estudie con paciencia, desde el punto de vista de la persona dubitativa, todas las opciones y los obstáculos que conlleva la decisión. Fíjese en las palabras de duda como "posiblemente", "podría" o "diría que": son señales que debe explorar en profundidad. Si la persona está preocupada por cómo le afectará a usted su decisión, tranquilícela, asegúrele que estará bien y que su decisión no afectará de manera negativa a su relación.

• **Utilizar un procedimiento de toma de decisiones.** Si usted sigue un procedimiento en concreto, enséñeselo a la persona difícil. Puede ser tan sencillo como hacer una lista de todos los pros y los contras de cada posibilidad. Al ponerlo sobre papel, es posible que vea la decisión más clara.

• **Confirmar y realizar el seguimiento.** Cuando ha tomado la decisión, tranquilice a la persona dubitativa asegurándole que ha tomado la decisión correcta y que la decisión perfecta no existe. Luego, siga de cerca el proceso hasta que la decisión se lleve a cabo.

• **Reforzar la relación.** Dedique unos momentos a escuchar las preocupaciones de la persona dubitativa de vez en cuando y ayúdele a aprender el procedimiento de toma de decisiones cada vez que surja la oportunidad. Con paciencia, la persona dubitativa puede convertirse en uno de sus aliados más fiables en el momento de tomar decisiones.

 Adecúe su actitud:

→ **No fuerce a la persona dubitativa:** si nota irritabilidad, impaciencia o ira, le costará mucho más tomar la decisión.

→ **Tenga paciencia:** si se siente presionada, no podrá relajarse y pensar con claridad.

→ **Mantenga la calma:** la urgencia o la intimidación empeorarán el carácter de la persona dubitativa. Aunque pueda obligarle a tomar una decisión, probablemente cambiará de opinión cuando otra persona le presione con un objetivo diferente.

21

Sacar lo mejor del infranqueable

«Nada: ni reacción verbal ni reacción no verbal. ¿Qué puede esperar de una persona infranqueable?»

La persona infranqueable es pasiva, pero puede estar centrada en la tarea o en las personas según su objetivo, hacer una tarea bien o relacionarse. Si el objetivo de relacionarse se ve amenazado, las personas tímidas se retirarán y serán todavía más pasivas. En cambio, cuando no logran el objetivo de la perfección, se frustran y se retiran convencidos de que nada puede cambiar la situación, por más que ellos hagan o digan.

Aunque parece que la persona infranqueable se retira del conflicto, por dentro puede acumular un montón de hostilidad. El silencio puede ser su forma de agresividad. Su finalidad con una persona infranqueable es romper el silencio y convencerle de que hable. Estos cinco pasos le ayudarán a romper el silencio de una persona infranqueable.

- **Dedicar tiempo suficiente.** Para sacar lo mejor de una persona infranqueable necesitará, ante todo, tiempo. Si tiene prisa o está tenso, no es el mejor momento para abordar a una persona infranqueable. Cuanto más urgente sea su comunicación, más se aislará la persona infranqueable en el silencio. Por lo tanto, lo primero que necesita es buscar el tiempo y el lugar adecuados para abordar a una persona infranqueable.

- **Plantéele preguntas abiertas con interés.** La mejor pregunta que puede hacerle a una persona "infranqueable" es una que no se pueda responder ni con un sí ni con un no, ni con un gruñido. Le recomendamos que formule preguntas que empiecen por "quién", "qué", "cuándo", "dónde" o "cómo" para abrir un tema de conversación. Compruebe que su comunicación no verbal también le pide una respuesta. El infranqueable debe ver y escuchar que usted espera una respuesta, lo que se denomina la "mirada expectante" ¡y funciona!

- **Afrontarlo con humor.** Cuando parece que nada funciona, un poco de humor puede ayudarle a desencallar la situación. Intente adivinar la causa del silencio con conjeturas absurdas, exageradas o imposibles. Tal vez así rompa la coraza de la persona infranqueable.

• **Adivinar.** Si sigue sin responder, intente ponerse en su lugar y repetir la secuencia de acontecimientos para hacerse una idea de cuáles pueden ser sus sentimientos. Describa en voz alta cada hito y desgrane todas las posibilidades, por remotas que parezcan. No importa. Tal vez así logrará identificar el motivo de su silencio o, al menos, intuirlo. Es posible que la persona empiece a hablar con usted cuando le parezca que se está acercando a la causa de su silencio o, al contrario, que hable con usted si ve que no tiene ni idea de por dónde van los tiros.

• **Mostrarle el futuro.** A veces la única manera de lograr que una persona infranqueable hable con usted es mostrarle las consecuencias de su continuo silencio. No amenace en vano, sea concreto y explíquele en qué medida su comportamiento puede afectar de manera negativa al proyecto o a la relación.

 Adecúe su actitud:

→ **No tenga prisa:** el punto clave para sacar lo mejor de una persona infranqueable es el tiempo. Debe disponer del tiempo necesario y estar tranquilo y relajado.

→ **Comprenda su objetivo:** estas personas pueden estar orientadas a la tarea (el objetivo es hacerla bien), o a las personas (el objetivo es relacionarse). Identifique cuál de estos objetivos tiene delante.

→ **No se enfade:** la persona infranqueable intenta evitar el conflicto y la desaprobación. Si usted se enfada, solo empeorará su comportamiento.

22

Sacar lo mejor del negativo

«Más mortífera para la moral que una bala perdida, más potente que la esperanza, capaz de derribar grandes ideas con una sola sílaba. Bajo la apariencia de una persona normal y agradable, la persona negativa libra una batalla interminable en favor de la futilidad, la desesperanza y la desesperación.»

La persona negativa está orientada a la tarea, su objetivo es hacerla bien evitando los errores. Busca la perfección, cuando algo obstaculiza su camino, se desespera y encuentra la parte negativa de todos y de todo.

Su finalidad al comunicarse con una persona negativa es cambiar el enfoque, lograr que la persona deje de encontrar fallos y empiece a resolver problemas. Tal vez sea imposible eliminar la negatividad por completo, pero podrá ayudarle a cambiar el curso de sus pensamientos. Con estos cinco pasos podrá sacar lo mejor de la persona negativa.

- **Seguir la corriente.** Lo peor que puede hacer con una persona negativa es intentar convencerla de que no todo es tan negativo como lo pinta. El primer paso para comunicarse con éxito con una persona negativa es dejarle ser todo lo negativa que quiera.

- **Utilizarlas como recurso.** Las personas negativas pueden cumplir dos efectos positivos en su vida. En primer lugar, le ayudarán a construir su carácter. Si quiere trabajar una actitud positiva, piense que está practicando con las pesas más pesadas. No hay mejor práctica de pensamiento positivo que dedicar un tiempo a ser positivo con una persona negativa.

En segundo lugar, son un recurso muy útil como sistema de alerta, si saben separar el grano de la paja. Algunas veces, las personas negativas se dan cuenta de problemas importantes que los demás han pasado por alto. Si ha identificado a una persona negativa en la junta directiva de su empresa, preséntele los nuevos proyectos para que encuentre fallos que los demás tal vez no hayan percibido.

- **Dejar una puerta abierta.** Las personas negativas se mueven a un ritmo diferente que el resto de los mortales. Si intenta acelerarlas, seguramente logrará que vayan más lentas. La actitud más recomendable es dejarles tiempo para pensar y una puerta abierta para que sepan dónde encontrarle cuando estén listos.

• **Conseguir la respuesta contraria.** Una táctica para lograr que la persona negativa cambie de opinión es presentarle las alternativas negativas primero. En estos casos, es posible que la persona negativa responda en positivo o bien porque está convencida de que se enfrenta al problema de forma realista, o bien porque es tan patológicamente negativa que quiere demostrarle que se equivoca aunque en realidad esté de acuerdo con usted.

• **Reconocer su utilidad.** Busque y proyecte la consecuencia positiva del comportamiento negativo; por ejemplo, "Gracias por identificar los problemas para que podamos encontrar soluciones" o "Aprecio que quiera arreglarlo". Con el efecto Pigmalión, es posible que la persona negativa mejore. Así conseguirá que utilice su perfeccionismo analítico de un modo más constructivo y menos difícil.

Adecúe su actitud:

→ **Conserve la perspectiva:** detrás de un comportamiento negativo suelen esconderse experiencias negativas. No es necesario que conozca las circunstancias. Intente conservar la perspectiva de las acciones de la persona negativa.

→ **Tenga paciencia:** cuando le parezca que no logra nada, recuerde que los cambios requieren tiempo. Si tiene paciencia puede conseguir una de las experiencias más gratificantes: lograr que una persona supere su comportamiento negativo.

→ **Aprecie a la persona negativa:** gracias a ella prestará atención a algunos aspectos que otros pasan por alto. Esto puede serle útil si es capaz de cribar la negatividad. Ser negativo no significa estar siempre equivocado.

23

Sacar lo mejor del quejica

«Los quejicas se sienten inútiles
y agobiados en un mundo
injusto. Buscan la perfección y
nadie ni nada es perfecto. Se
quejan a usted para que les
escuche, pero si usted les
ofrece soluciones, buscarán
otros motivos para seguir
quejándose.»

Quejarse con moderación puede ser terapéutico para sacar fuera el problema y volver a empezar con energía renovada. También puede servir de ayuda a quien le escucha. Pero quejarse sin parar es sencillamente agotador. La persona quejica es experta en quejarse de todos y de todo sin que le sirva para alicerarse, y muy pocas veces sea útil para los demás. Las personas quejicas son muy parecidas a las negativas, en el sentido de que ambas buscan el mismo objetivo: hacer bien una tarea. Saben que el resultado debería ser diferente, pero no tienen ni idea de cómo lograrlo. En lugar de actuar, se quejan.

Su finalidad con una persona quejica es crear una alianza para resolver el problema. (Y si no funciona, su segundo objetivo es... ¡dejarle marchar!) Lo mejor que puede hacer por las personas que se sienten inútiles cuando se encuentran ante una dificultad es reducir su sensación de incapacidad. Ayúdelas a encontrar soluciones. Con estos cinco pasos logrará sacar lo mejor de una persona quejica.

- **Escuchar los puntos principales.** Seguramente lo último que quiere hacer ante una persona quejica es escuchar sus quejas. Sin embargo, es el primer paso, y es básico. Incluso es recomendable tomar notas. Su objetivo es demostrarle que le está escuchando y que identifica la queja si intenta reutilizarla.

- **Interrumpir y pedir especificaciones.** Asuma el control de la conversación y plantee preguntas para obtener información más específica sobre el problema. Si es incapaz de dar más detalles, sugiérale que busque más información.

- **Orientar el objetivo a la solución.** Las personas quejicas suelen perderse en generalizaciones vagas. No dedican suficiente tiempo a los problemas para empezar a buscar soluciones. Pregúnteles qué quieren, así orientará su pensamiento en una nueva dirección.

• **Mostrarles el futuro.** Cuando una persona se siente inútil, es constructivo darle expectativas concretas. Una posibilidad es plantear una reunión con la persona de quien se queja o acordar un momento para hablar del problema en profundidad. Otra opción es sugerirle que vuelva con posibles soluciones en un momento concreto.

• **Trazar una frontera.** Si con los pasos anteriores no ha logrado un cambio significativo, será necesario trazar una frontera clara. Si la persona quejica vuelve a empezar el círculo vicioso de quejarse, deténgala. Explíquele a las claras que hablar de problemas sin encontrar soluciones es una pérdida de tiempo para usted... y para cualquiera.

Adecúe su actitud:

→ **No entre en su juego:** si acepta sus quejas, le anima a seguir quejándose. Si no las acepta, querrá contarle de nuevo sus problemas.

→ **No intente resolver sus problemas:** no puede resolver sus problemas por ellos, necesita que participen.

→ **No les pregunte de qué se quejan:** no es más que una invitación a empezar de nuevo la retahíla de quejas.

Una vez descrita la tipología de los distintos comportamientos y una vez propuestas las estrategias para intentar sacar lo mejor de cada una de ellas, escriba ahora con sus propias palabras de qué manera enfocaría usted esas situaciones para sacarles lo mejor.

Sacar lo mejor del tanque (pág. 75)

Sacar lo mejor del francotirador (pág. 79)

Sacar lo mejor del enterado (pág. 83)

Sacar lo mejor del sabelotodo (pág. 87)

Sacar lo mejor de la granada (pág. 91)

Sacar lo mejor del siempre disponible (pág. 95)
Sacar lo mejor del dubitativo (pág. 99)
Sacar lo mejor del infranqueable (pág. 103)
Sacar lo mejor del negativo (pág. 107)
Sacar lo mejor del quejica (pág. 111)

24

Dar los tres primeros pasos

«Aunque no puede cambiar a las personas difíciles, puede comunicarse con ellas para lograr que cambien ellas mismas. Solo necesita conocer las técnicas de comunicación ante un comportamiento negativo.»

Las lecciones de comunicación que presentamos en este libro no pretenden solucionar rápidamente la relación con una persona difícil. Muestran el camino para encontrar soluciones a largo plazo en las relaciones humanas. Cuanto más tiempo tarde un problema en presentarse, más tiempo y energía debe invertir usted en evitar que suceda. Cuando empiece a poner en práctica estas actitudes y estrategias, es muy probable que empiece a obtener buenos resultados... y también que muchos esfuerzos sean en vano. Céntrese en crear oportunidades, posibilidades y alternativas a la relación difícil. No la enfoque como "ganar" o "perder". Ahora dispone de herramientas para modificar la relación. Se acabó sentirse víctima de las actitudes de los demás.

Las personas difíciles forman parte de este mundo, siempre han estado ahí y siempre lo estarán, atacando, culpando y escondiéndose. Con compromiso y perseverancia, usted puede evitar los malentendidos y los conflictos que causan a diario. Aunque no vamos a salvar el mundo, podríamos decir que el futuro de la humanidad depende de que cada uno de nosotros aprenda a convivir con los demás, a pesar de nuestras diferencias.

Usted no puede cambiar a los demás, pero con flexibilidad y técnicas de comunicación puede lograr que cambien ellos mismos. La próxima vez que se encuentre con una persona difícil, recuerde que la vida no le pone a prueba, sino en situación de emergencia. ¡Buena suerte!

Empiece inmediatamente con estos tres pasos:

→ **Decídase a ser un comunicador eficaz:** si está decidido a ser un comunicador eficaz, aprovechará todas las oportunidades para poner en práctica y perfeccionar estas técnicas. ¡Esté atento! Encontrará múltiples ejemplos de las herramientas y habilidades que describimos en este libro a diario, ya sea en una película o en una reunión. Identifíquelas y analice si se han utilizado con éxito o no.

→ **Comparta las lecciones de comunicación con alguien:** encuentre al compañero perfecto para aprender nuevas técnicas de comunicación, alguien que esté tan ávido como usted de mejorar la eficacia de su comunicación. Comparta los recursos (como este libro) para partir de una misma base y buscar los mismos objetivos. Reúnanse una vez por semana para comentar sus observaciones así como las técnicas e intentos que han puesto en práctica durante la semana. Estas reuniones semanales le obligarán a prestar atención y a concentrarse en aprender y mejorar sus habilidades.

→ **Agradezca su situación:** Si tiene la suerte de leer este libro, es más afortunado que el 80% de la población de la Tierra. Seguramente come cada día, tiene un techo que le cobija, personas a las que quiere, y alguien que le quiere a usted. La vida ya es bastante difícil sin llenarla de negatividad y dedicar sus esfuerzos a las preocupaciones y el estrés. Si cada día agradece su situación, tendrá la fortaleza y el optimismo necesarios para disfrutar de los retos que le presentan las personas difíciles.

 Finalmente, reflexiones sobre estos tres pasos y escriba con sus propias palabras de qué manera los puede llevar a cabo de una forma más eficaz.

CÓMO PUEDO SER UN COMUNICADOR EFICAZ.

_____

_____

_____

_____

_____

_____

_____

_____

CON QUIÉN PUEDO COMPARTIR LAS LECCIONES DE COMUNICACIÓN

_____

_____

_____

_____

_____

_____

_____

_____

DE QUÉ MANERA PUEDO AGRADECER MI SITUACIÓN

_____

_____

_____

_____

_____

_____

_____

«Piense que tratar con personas difíciles es como ir al gimnasio. ¡Trabaja los músculos de la comunicación! Aunque no siempre obtenga el resultado deseado, aprender y practicar estas estrategias le ayudará a conseguir mejorar otras relaciones importantes.»

ANOTE AQUELLAS ESTRATEGIAS QUE LE HAN PARECIDO MÁS EFICACES*

* No olvide señalar la página del libro donde de encuentra. ¡Esta simple acción le hará ganar tiempo!

ANOTE AQUELLAS ESTRATEGIAS QUE LE HAN PARECIDO MÁS EFICACES*

* No olvide señalar la página del libro donde de encuentra. ¡Esta simple acción le hará ganar tiempo!

Sobre los autores

Rick Brinkman y **Rick Kirschner** son conferenciantes profesionales y autores del libro super-ventas *Cómo tratar con gente a la que no puedes soportar; consejos para conseguir sacar lo mejor de las personas más difíciles.* Deusto Ediciones, 2007.

Desde 1980 comparten su conocimiento con todo el mundo a través de su empresa R&R Productions. Entre sus clientes destacan los astronautas de la NASA, LucasFilm, la Oficina del Subsecretario de Defensa, Loma Linda Medical Center, Texas Instruments, Merck, Sanofi-Aventis y Wells Fargo.

Imparten cursos y seminarios sobre Comunicación consciente para el Liderazgo, el Trabajo en equipo, el servicio de atención al cliente, cómo liderar reuniones eficaces y cómo tratar con personas difíciles.